JN409880

구름의 서체

형상시인선 10

구름의 서체

심수자 두 번째 시집

북랜드

自序

어깻죽지가 무거워진다

괜히 건드려 생겨나는 통증
그 통증 위에 다시 층층이 쌓이는 별의 탑들,
저 공중의 탑에서 연결한 한 줄 호스로
별빛 흘려 넣어볼까.
시들어가는 구절초 몸속

서릿발을 털다가 압착된 내 꽃잎
당신 눈빛으로 일으켜 세워볼까

— 심수자 詩 「늦꽃 피다」 중에서

차례

굴참나무 구간 2

3 마지막 변색

동굴 들여다보기 4

1
길 위의 돌

꽈리여자

닫아건 붉은 문 안쪽에
입술 봉긋한 여자 앉아 있다

긴 웅크림의 시간은
물기 머금었던 꽃잎을
말라 버석거리게 했다

손끝으로 어루만진 뒤
지문으로 누르면
웅크림의 입구에서
끈적이며 쏟아지는 알갱이들

가슴 속 모두 비워내야
부를 노래가 가득 차서
막바지 무당벌레도
장단 맞추고 간다

참 따뜻한 당신의 혀끝이니

닫혀 있던 주홍 꽃잎의 문
공복에 눌린 입천장에서
까르르 떨린다

눈사람

내린 함박눈 한 줌 뭉쳐
데굴데굴 굴리면서
겨울까치에게 말해야지

뒤를 따라온 발자국이
덩달아 눈덩이처럼 불어나고
슬픔이었던 구간도 기다림이었던 구간도
모두 딸려와 실타래처럼 둥글어지라고

뭉친 눈 굴리다 더 이상 굴러가지 않으면
거기가 설 자리인 듯
눈사람으로 세워 놓아야지

발자국이 끌고 온 길들
둥근 몸속으로 밀어 넣어야지
길 위에서 만난 눈빛들도 죄다 박아 둘 거야

언 가슴에 함박 쌓여 있는 눈

그대 성큼성큼 걸어 들어와 발자국 쿡쿡 찍으면
투명유리처럼 반들반들해질 거야

내 안의 길 미련 없이 다 보여 주어야지

몸속에 가둬 둔 눈빛들도
겨울 볕 아래서 녹아 흔적 없어진 뒤에야
나, 온전히 흘러
당신에게 닿을 수 있겠지

노거수 일대기

오뉴월에 내린 찬 서리도
무지개 뒤에 내린 함박눈도
묵묵히 품었던 나무

어쩔 수 없는 하늘의 무게를
바람 섞인 한 소절 독경소리로
떼어내려는 듯
가지를 뚝뚝 부러뜨린다

굴을 파고 들어오던 개미도
흔들리던 어금니 더욱 흔들던 무논의 개구리도
몸 안에 가두어 부화시키다가
한 번에 탁, 터뜨리는 불꽃

자신의 몸 안에 기거하는 것들에게
상강의 별빛 보여 주려고
하늘 가리던 장막 스스로 걷어 내는 노거수

>

뿌리가 말라가기까지
그는 반경 몸 안으로 다 거두어들였으니
날개 지친 새들 잠시 쉬어 가라고
마른 몸 그대로 세워 둔다

깊은 잠속으로 빠져들기까지
허공을 열어 두는
밤의 무도회

납작론論

가자미에게 칼을 들이밀며
납작 엎드려 사느라 뱃가죽 닳았겠다고
혼자서 중얼거렸다

평생 바닥만 누비며 살아서인지
오장육부도 납작했다
앞뒤로 이만큼 납작해졌다는 것은, 그러니까
납작한 바위를 닮으려던
수난에 길들여진 너의 진화

그러고 보니 평생을 엎드려 살아온
나, 또한 가자미다

별반 너와 나 다르지 않았으매
눈 맞춤 한동안 있었다 해도
이제 더 이상 납작해질 필요 있나, 슬슬
물방울처럼 뽀글거리는 반감

>
눈웃음 쳐주던 사랑도 이제 신물이 날 것 같아
바닥 향하던 뱃가죽도 뒤집어 보는 체위
그때 살점 속으로 밀려드는 칼날에서
우두둑 외로움 잘리는 소리가 났다

몸의 살점 다 발라내고
목 칠 일만 남아 내려다보는데
마지막 안간힘 지느러미가 툭툭 어깨를 친다
도마도 바위인 듯

나리 플라워

비닐하우스에서 자란 꽃송이들이
버스정류소 앞 나리꽃집에 모여 있다

누군가에게 기쁨을 주기 위해
누군가의 이별을 위로하기 위해
자궁 안쪽을 힘껏 오므린 꽃들
어디론가 떠나기 위한
유리 안에 모여 환승구역 내다보고 있다

싱글벙글 앞줄의 꽃들은
분명 축하화환으로 세워지려 하고
이미 근조화한으로 세워질 것을 아는 흰 꽃들은
뒤쪽에서 기도하듯 다소곳하다

만남과 떠남이 교차하는 순간에도
버스 기다리는 사람들 눈길은
슬쩍슬쩍 가게 안, 꽃들을 엿본다

>

언제나 꽃 팔고 있으니 꽃을 닮아간다는
주인여자의 말을 기억하고 있는 내게
버스정류장은
버스 기다리는 사람들을 팔고 있다는
잠시의 착각을 꽃에게 보탠다

대량 입하된 꽃들이 내뿜는 향기는
군집을 이루다가
축하꽃다발로 뽑혀지거나
회한의 배경이 되기도 하는 나리플라워

어느 순간 꽃을 닮아가는 우리도
도착할 버스를 기다리고 있다

노란 증발

꿈은 흑백인데도
은행나무가 떨군 노란 잎들이
걸어 들어왔네

눈감아도 익숙하던 길의 모퉁이가
낯설어지기 시작했네

회색 침묵의 껍질 아스팔트가
뚝뚝 이별의 시를 읽고 있었네

벽지 무늬로 채워진 방
늑대처럼 울부짖은 뒤에야
은행나무 빠져나간 꿈속에서
내게 내밀던 노란 손들

우리의 시공은 엇갈렸네
잎에 가려져 보이지 않던
낯선 별들이 하나둘

너로 하여 보이기 시작했네

꽃의 방증

어제의 뿌리와 오늘의 줄기가
꽃을 피우기 위해 존재했다면
내일의 잎은 떨어질 꽃을
다소곳이 덮어 주기 위해
존재하는 건 아닐까

전신 아린 아픔 뒤에야
꽃은 꽃을 피웠다 할 것이고
묵묵한 체념이 있었다 할 것이고
몇몇 날 푸른 밤 지새운
이별의 몸짓을 보았다 할 것이다

쉬 건너지 못하는 갈림길에서
시드는 꽃을 사랑하라는
그대의 나지막한 목소리는
누구의 별을 지킬 꽃이 되라는
귓가에 오신 하느님 당신
방증의 숨결이었다

꽃을 놓아 주다

꽃잎에 쟁여지던 소리들이
움푹한 목탁 속으로 들어갔다 나와
다시 소용돌이치고 있었으니
여기가 홍류동 계곡이다

바람인들 물인들 새인들
내어놓은 소리 모두 구름이 거두어갈 때
일몰이 떠미는 등에선
폭포수 같은 땀이 흘러내린다

몸 밖으로 나오지 못한 내 안의 소리들이
물거품으로 끓는 거였나

모였다 사라지는 것이 소리라는 것을
진즉에 알지 못했던 나는
되돌아와 나를 아프게 할 너를
물 위에 가만히 띄워 놓는다

>

너는 한나절쯤 흘러가다가
한 쌍 원앙이 서로의 깃털 다듬는 곳에서
물살에 버티던 힘 내려놓고
슬며시 뒤를 돌아보겠지

속도는 이제 늦출 만큼 늦췄으니
홍류동 기억은 느리게 희석되겠지

새로이 흘러든 지류의 체온에
천천히 익숙해지면서

길 위의 돌

몸부림 물결이 말라가는 동안
이미 돌 안에 꽃은 만개하고 있었다

떠밀리거나 부딪혀 만든 상처들
다시 지워주는 시간은 길 위에 있다

늘 비켜가기만 하는 사랑에
침묵은 물 밖으로 나와
길 위 단단한 뿌리로 이제야 박혔다

한때 반짝이는 강변의 모래가 되는 것이 꿈
지금은 드문드문 나를 밟고 가던
말발굽이 그리울 뿐
꿈은 잠시 유보되고 말았다

우레 뒤의 소나기도
숨찬 혓바닥 같은 일몰도, 들꽃의 미소도
몸 안의 꽃을 피우는 자양분이 되는 시간

>

젖어도 젖은 줄 모르는
아파도 아픈 줄 모르는
길 위의 돌 몸에 새겨진 꽃문신을
바람이 건드린다

그림자의 무게

요지부동 괘종시계 멈춘 추는
고요일까, 아닐까

오래도록 바라보았을 뿐인데
알 수 없는 그리움이 쌓여
꿈쩍 않는 통점이 되고 말았다

너에게로 나, 한 발짝을 떼면
아흔 아홉 발자국의 첫 발자국일 거라고
칠흑 같은 눈빛으로 우기던 당신

수직의 비탈을 오르며
두려움 없는 춤을 나에게 보여주고 싶어 했던
당신은 산양, 불멸의 춤꾼

꿈틀거리는 욕망의 당신은
시간이 무게로 짓눌려도 붉은 꽃을 피운다 했고
내 속을 휘젓는 그리움은

시간의 무게를 견디는 것이라 했다

그렇게 다른 당신과 나의 견해 차이에
좌우로 흔들리던 시계의 추, 멈추는 것은 당연지사

멈추어 버린 삶에 이끼가 말라가는 것처럼
억새가 은빛으로 물드는 가을 무렵부터
우리는 점차 가벼워지고 있었다

서로 그리워하지 않기로 약속한 것도 아닌데
너나 나나 그림자 무게는
차츰차츰 줄어들고

그루터기 엿보기

관심과 무관심 사이
잘린 나무 그루터기를
안개가 반쯤 지워 놓았다

잎들 바람 속으로 날려 보낸 자리
훠이훠이 허공 끌어 모아 엿보는
생장점은 한때 내 외로움의 기억이다

쩍쩍 갈라진 나이테 틈새에 피어났던
지붕 넓은 버섯 하나 화석으로 굳어간다

이제 나, 돌아갈 길목의 그리움들을
안개 속에 숨겨 두기로 하자
나무의 그루터기는 아릿한 천문도 속 별들
둥둥 띄워 올린다

그루터기를 흔적이라 발음하는 동안
입천장에서 떨어지는 휘파람소리

관심에도 무관심에도
이름 모를 어느 별까지
밀어 올린다, 푸른 꿈의 이파리

군계일학

비 쫄딱 맞고서도 흔들림 없는 네 삶의 방식에
마음 빼앗길 뻔했다

꽃가지 스친 바람불어와도
네게는 흔들리지 않겠다고 애써 눈길 외면했지만
여럿 중에 너의 눈빛
달빛처럼 고요하고 그윽했다

새의 부리처럼 벌어진 입
과거 속에 묻힌 꽃의 색깔은 잊어야 한다고
새로운 빛깔에도 사랑은 있다고
난 혼자 노래하는 데 익숙해졌다

그럼에도 가까이 가지 못하는 건
너와 나의 간극, 건너야 할 겨울 강 때문이다

어둠 속에서도 오로지 독야청청 노란빛이더니
이름조차 묻지 않아 음각되지 못한 꽃잎

담장 아래 남겨 놓은 것은
천천히 말라갈 초록 줄기 뿐

너는 눈물 글썽이며 어디로 떠나갔을까
하염없이 기다리던
장대비 속의 그 꽃

공룡 발자국

갯바위 듬성듬성 남겨진 백악기
움푹한 발자국마다 고인 물은
입안까지 검붉은 꽃이다

목구멍에 심은 꽃 한 포기
바람을 걸러내느라 낯선 소리를 낸다

바람 따라 물 따라
이쪽에서 저쪽으로 가는 길은
언제나 생경한 안개가 평행을 만들어 준다

닳은 신발을 벗어 던질 때마다
내 몸은 피리가 되어갔다

하나의 구멍 막으면
또 다른 구멍으로 새어나오는
바람의 음률 건지기 위해 당신은
나를 후후 불겠지

>
신령 부르는 낯선 주술사
쏟아내는 휘파람이 그러하듯
고독한 귀를 가진 풀잎들 간결해서
마지막 발이 지나간
지상은 뜨겁다

고양이 부부

얼룩무늬 밀리터리룩을 입으면
야성적 본능이 살아난다는 말에
반짝이는 그의 눈
인터넷 쇼핑몰 광고란에 꽂혀 있다

호피무늬 몸통으로 빛나던 때도 있었던 그가
지금 내 앞에서 눈 내려깐다 해도
순종을 의미한다는 것은 아닐 것

예리하던 이빨, 반지르르하던 털빛으로
저울에 올라 한때 존재감 자랑하던 당신
광고 열심히 뒤적인다는 것은
어떤 의미일까

숨겨진 야성은 내게도 있었는지
아직도 얼룩무늬 밀리터리룩을 꿈꾸는 거냐고
지르는 내 호통에 순간 양쪽 눈 몰리는
너의 육식 본성은 되살아난다

>

앞 발톱 세우고 꼬리 힘껏 감아올려
앙칼지게 입 벌려도 여전히 당신
나를 겁 많은
순한 고양이로만 여기고 있다

뻥이요

도시 변두리 오일장에서 만난 아저씨
인생은 커다란 뻥 같다 한다

두툼하게 주름 잡힌 손으로
나에게 건네주는 한 자루 뻥튀기는
고소하고 바삭한 산간의 맛이다

화전민 아들로 태어난 탓인지 수줍음 많던 자신이
뻥튀기를 오랫동안 팔다 보니
예쁘니까 서비스 더 드린다는 언변도
입안에서 뻥뻥 튀겨낼 줄 알게 되었다고 한다

지하 단칸방에서 지상으로 오르기까지
안개 자욱하게 낀 길을 한참은 걸은 것 같다고
숨 쉴 겨를도 없이 단숨에 말하는 그

뻥이요! 뻥이요! 외치며 사는 동안
뻥뻥 뚫린 인생, 떵떵거리지는 못해도

나름 뻥뻥거리며 살고 있다 한다

내 안에 쟁여 있는 슬픔의 조각들
얼마쯤 빙글빙글 뜨겁게 돌리면
뻥뻥 기쁨으로 튀겨낼 수 있을까

"내 인생은 헛된 뻥이 아니라 희망을 뻥튀기며 살고 있는 거죠" 라며
활짝 웃는 아저씨의 등 뒤에
뻥 튀겨진 듯 튀밥 같은 환한 얼굴 그의 아내가
구겨진 지전을 차곡차곡 펴고 있다

사구砂丘

끙끙 담 넘어온 햇살을 숨겨주다 맨드라미는 귓불까지 붉어졌다
늘 고봉밥을 먹고도 허기진다는 남편은
어제도 오늘도 배가 고프다 했다

젖 한 번 제대로 물리지 못한 어머니
나비처럼 뒷산으로 날아가 버려서 얼굴도 기억나지 않는다 했고
울음 속에 비벼 넣은 뻐꾸기 음성이
슬픔의 입맛을 돋운다고도 했다

누구에게도 발설하지 못한 허기의 내력을 들려주는 당신에게
아기 적 울음소리를 뻐꾸기가 되돌려주는 거라고
나는 물컹한 빈 젖을 건네주었다

삶은 언제나 곰팡내처럼 칙칙해서
협곡을 지났는가 하면 곧바로 절망

손잡을 어머니 없던 남편의 봄밤은 북극성만이 나침판이었다

철 든 지 제법 된 나이인데도 빈 밥그릇의 바닥을 박박 긁는 당신
고봉으로 차린 밥상 들고 문지방을 넘어서는데
수십 년째 허기는 채워지지 않는 듯

수그린 앞가슴 섶 사구에 끈적한 눈길을 보내온다

海松, 아프다

바람 멈칫하는 바다에서 해송의 눈길을 본다

바위 움켜쥔 뿌리가 슬그머니 벼랑을 놓는다면
벼랑이 쓸쓸할까 봐
그대로 버티고 서 있다는 해송

밤마다 아무도 몰래 발을 옮겨 보지만
물에 닿기도 전에 앞 가로막는 백사장

사람들이 그리움 데려와서 발자국 놓고 간 뒤
무명의 벌레 긴 법문이 기어간 머리를
해송은 절레절레 흔든다

어쩌다 내려앉은 갈매기 밀물의 속내를 손에 쥐어줄 때
해송은 악보를 쓰는 중

벌레가 파먹은 통증으로 쩍쩍 갈라지는 온몸은
포말을 굽어본다

2

굴참나무 구간

사랑놀이

책상 위 책은, 허공으로 날아오르는 새마저 숨긴다

책은, 귓가에 맴돌기 위해 쉬지 않고 낱장으로 속삭인다

책은, 눈처럼 차곡차곡 쌓이던 사랑도 이별 앞에선 너무 빨리 녹는다는 것을 알려준다

책은, 보이지 않는 나이테로 끊임없이 말을 걸어온다

책은, 바짝 말라 버린 손가락으로 쿵쿵거리는 가슴의 소리를 들려준다

책은, 일몰에게 흔들어 주는 나뭇잎이다

책은, 말한다. 더 늦기 전에 손 내밀어 봐요

겨울, 억새의 대궁이 허술해졌다

쓰러질 듯 휘청거리는 곡예사 몸짓처럼
뿌리만은 꼭 움켜쥐었을 것이라고
겨울 억새에게
믿고 싶어지는 건 왜일까

허공으로 건너갈 환승의 낯빛이
가부좌 틀고 앉은 늦가을
죽은 새 깃털 뽑히듯
스스로 몸을 바람에게 돌려주는 억새

지우고 싶은 슬픔의 길 내려놓고
툴툴 털고 있는 생의 환부

마른 몸 저 홀로 서걱거리다
동면에서 잠깨는 날, 다시 초록을
들어 올리는 힘 또한
손짓 같은 흔들림에 감춘
공허한 대궁의 힘 아닐까

사랑의 포자胞子

백조자리, 거문고자리, 전갈자리 향해
외로워서 날린 수없는 문자
함부로 자리 바꾸지 않는 별자리들은
겨울 윗목에 놓아둔 화로 같다

아제 아제 부르며 껑충껑충 건너는 별
지붕 덮은 기왓장에 닿기까지
나무 위 우듬지 까치집을 먼저 밟아야 하지

내가 보낸 문자의 답신으로
별빛 내 방 유리창에 걸릴 때
당신의 발은 흰 포자로 사뿐히 내렸지
무소유無何有에서 삼천년 간극으로 온 별빛이
우담바라인 것을 알았지

청동의 시간 속에 꼭꼭 싸매어 둔 사랑을
나, 이제 풀어 놓아야지
어느 낯선 생으로 돌아갈 부메랑일지라도

혹한의 방안에 놓아둔 질화로 속
더 이상 알불은 뒤적이지 않도록

사량도 남자

돌아올 수 없는 혼 부르는 저 남자
미친 남자 맞지!

사량도 하늘에 뜬 별을 꿰어
목에 걸어 주고 싶은 저 남자

제대로 미친 남자 아녀?!

금 간 바위 메우는 이끼를 두고
그대에게 가는 청록의 길을 내고 있다는 저 남자

정말 제대로 미친 거 맞다

별보다 멀리 있는 당신에게 굿거리장단 보내는 저 남자
건네지 못했던 먹먹한 말 대신 북 두드리는 저 남자

아무리 봐도 미친 남자다

>

물기 말라 건조한 그 남자의 목소리가
달포 전 사량도 다녀온 내 귓가에 여전히 맴도는 걸 보면
사랑 따위 말라 버린 내 심장에도
등대처럼 불을 켜 놓는 걸 보면

그 남자 미쳐도 예사로 미친 남자 아니다

한 천년쯤 뒤에나 다시 볼 망부의 남자
사량도 다시 찾는다면 나, 그 남자 두고
섬을 떠나지 못하리라

상승 기류

바퀴 없는 버스를 타 보겠다고
구름정류장에 간 적이 있었다

출발 시간도 도착 시간도 없는 정류장
손을 들면 태워 주기는 하지만
바람버스에는 브레이크가 없으므로
적당히 뛰어내릴 줄도 알아야 한다고 경고한다

승진바람, 치맛바람, 신바람
한때는 누구를 태웠다는 역사 들먹이지만
나는 까마득한 상공까지 날아오르는
까마귀의 바람을 타고 싶다

더는 날 수 없는 힘 빠진 날개를 접겠지
허공의 종점 찾아 두리번거리겠지
그러다 황급히 나타난 구름에게
환승의 첫발을 얹기도 하겠지

>

높은 곳에서 무었을 보았다 보지 않았다
그런 말문은 굳게 닫은 채
오랜 시간 덜컹거리며 타고 온
바람 위에 고독은 내려놓고
평평한 솔가지 위로 뛰어내려야 하지

내가 뛰어내린 그곳이 종점이 아니면 어때
내 피는 이미 유목의 혼이 깃들어
끝없이 유혹하는 바람을 만나면
다시 솟구치고 싶어 온몸 근질거리지

겨울 산수국

무거워져 혼자서는 옮길 수가 없던
화분 안에 산수국
헛꽃 다 지우고 잎도 버리고
드디어 가벼워졌다

무리에서 빠져 나온 바람 소리에
자꾸 세워지는 낙타의 귀

적요의 시간은
고독한 순례자에게
어디로든 걸러내지 못한 바람을
몸 안에 차곡차곡 쟁여 넣게 해서
이제야 모질게 입술 깨무는 동작이다

흙 속에 감춰진 뿌리
겨울 지나면 꿈틀꿈틀
잠에서 또다시 깨는 날
너나 나나 기다릴 뿐이지

>
마른 몸속에 오기를 숨겨둔 것은
참 잘한 일이지
한순간에 타오를 남풍일 테니

거미와의 동거

우리 집 흰 타일 벽 모서리에
대롱대롱 거미 한 마리 매달려 살고 있다

어쩌면 그 거미 희망버스 떠나보내고
시위하던 동료 거미들
뿔뿔이 흩어진 광장을 홀로 어슬렁거리다
자신이 수배 중이라는 것 알고
이곳으로 몰래 숨어든 것 아닐까

얼마나 숨죽여 살았으면 창틈 실바람에도 깜짝 놀라
배만 불뚝 남긴 채 몸피를 줄여 버린다

본래 그는 크레인 작동하는 기술자였는데
지금은 세면대 받침 밑을 거처로 삼아
석삼년을 염치 좋게 눌러 살고 있다

대소변 샤워도 한꺼번에 해결되는 이곳이 좋아서일까
샤워하는 여자의 몸도 훔쳐볼 수 있는 것이 좋아서일까

일거양득 안락함에 빠져 버린 너는 우리 집 거미

혼자 사는 저 거미, 오랜 독수공방 탓에
혹여 내 몸 감싸 안으려 덤벼들면 어쩌나
갑자기 스멀거리는 노파심, 훔쳐보기를 즐겨하는 네게
분사용 살충제라도 뿌리고 싶은데 꾹꾹 눌러 참는다

이젠 흠칫흠칫 눈치까지 가르치면서
언제나 발밑 조심하라는 경고도 보낸다

어느 여자에게 밟혀 죽었다면 저 거미는
가문을 더럽혔다는 죄 뒤집어쓸 것 같아
저절로 자연사할 때까지 못 본 척 그냥 놔둘 뿐

그러나 죽기 전 크레인 작동 법만은
내게 전수해 주고 떠난다면
바닥인 삶을 어떻게든 들어 올려도 볼 텐데

간이역 무도회

기다림은 춤이고
춤은 펄럭임이다
안개 짙은 간이역이면 더욱 그렇다

안의 슬픔 감추려고
도강한 안개를 휘감는다
팽팽한 긴장을 위해

역사 앞 사시나무 잎
차르르 흔들리는 소리에
철커덕 사슬에 묶인 슬픔들이
차례로 풀려난다

어깨의 들썩임은
그때서야 기다림의 추임새로 바뀌는 거지

춤을 추는 동안 햇살은
구름 속에 자라나서

>
서서히 안개의 옷을 벗기는 거지
굽어진 길은 돌만큼 돌았으므로
뒷덜미에 쌓인 불안은 그만 내려놓아야지

흰 접시를 돌리던 한손에
독수리를 올려놓아야 할 차례

도착한 열차가
춤꾼도 관객도 다 태워 떠나고 나면
다시 쓸쓸해질
간이역은 나의 무대여

징조

삼십 년간 손에 익은 접시가
두 쪽으로 갈라졌다

숨겨진 손금까지 죄다 읽은 접시
어떤 암시 같다

떠나는 자가 남은 자에게
남기는 증표가 이와 같았을까
빙빙 테두리만 맴돌았던 삶에게
아직 밟지 못한 길을 두고
없던 길 하나 생긴 거라고 말하고 싶다

믿고 싶어졌다, 그날 이후
비워진 아침은 왠지 쓸쓸했고
지금까지 난 혼자였음을 알았다

갈라진 한쪽을 건네주고
나머지 반쪽 품은 내가

천년 후 사랑 나눌 당신을 찾아 나서라는 말
갈라진 접시로부터 들었다

온전했을 때는 보이지 않던 길이
깨어지니 보이더라

굴참나무 구간

한 굴참나무에서 다른 굴참나무까지
이어진 산길은 탯줄이다

이 그늘에서 저 그늘로 건너가기까지
발가락 퉁퉁 부어오를지라도
쉬지 않고 걸어가야 한다는 것을
가을 외진 산길에서 배운다

더듬이를 세워 보는 곳은
어디나 출발점이고 어디나 끝점
오래 고요 속을 걸어본 눈빛이라야 안다

순식간에 사라질지도 모를 저녁연기 같은 나
어둠 내리기 전에 닿아야 할 마을
하늘은 늘 익숙한 하늘이지만
길을 가다 만난 나무들은
한 번도 본 적 없는 나무들이어서

>

오늘도 나는 익숙한 표식 남겨둔
아픈 굴참나무를 찾아간다

그늘 반경이 넓은 굴참나무가
노곤한 견골 나비의 날개에겐
아늑한 어머니의 자궁이다

길, 팔부능선

산정의 양지까지 따라온 그림자들
뒤돌아보니, 없다
허기로 앉아 있는 교회 안 식당 사람들
고립된 섬 같다

그들이 걸어온 길을 내가
국수의 면발로 부지런히 삶았다 해도
잠들기 전까지 추위를 견디려면
두 그릇은 먹어야 한다는

그들의 대화가 젓가락에 팽팽하게 당겨졌다

불빛 많은 도시에 살아도
높은 빌딩에 가려진 응달
국자를 든 내 팔이 점점 뻐근해질 때
팔부능선에 이르기도 전에 만났던 산들이
어둠에 눌린다

>
촘촘한 자작나무 틈새로 쏟아지던 햇살
그 햇살을 국수발 같다고 했던 내가
교회 식당 급식당번이 되고 보니
눈부시다고 햇살을 가리던 것이
사치였음을 알았다

폐타이어에 눌려서도 새벽이면
이슬을 기다리는 들풀처럼
움츠린 어깨 툴툴 털고 국수를 먹으러 오는 저들
걸어 나갈 문밖은
햇살 융단이었으면 좋겠다

그릇 테두리 밀고 올라온 수천 가닥 길들에게
멸치 우려낸 따끈한 국물을
산의 팔부능선 잠기도록 부어준다

기다림, 우포

허투루 내뱉는 새들의 말에
늪은 시끄럽다고 일렁인다

가시떨기나무가 군락을 이루어
길 없는 고비사막에 길을 내듯
길 없는 수면 위의 새들은
모두 왕성한 식욕을 지녔다

폐경기 지난 지 오래인 내 몸에
길이 없다는 것을 아는
우포의 새들은
밀집 대형 억새를 뚫고
바람보다 먼저 빠져나가기 바쁘다

날개를 가졌다는 이유만으로
하늘에 길을 내는 새들
날아오르지 못하는 검은 수달의 슬픔을
까무룩 내려다본다

>

나도 억새의 뿌리도
늪 아래로 잠기는 겨울 저녁
철없는 새들만 자꾸 다녀갈 뿐
거룻배는 들지 않는다

좌광우도

바닥에 넙죽 엎드린 넙치를 본다
입이 작다, 눈은 어느 쪽으로 향했을까

왼쪽만 고집하는 당신, 오른쪽만 주장하는 나,
도시라는 커다란 수족관에서 만난다 해도
우린 서로 알아볼 수 있을까

서로 맞부딪쳐도
보이는 쪽으로만 향하다 슬퍼진 사랑
해저에선 같은 종족임에도
눈 둘 달린 사람들 앞에선
광어와 도다리를 다른 종족이라 우겨댄다

황갈색으로 무장한 나
부정형 반점으로 무장한 당신
왼쪽 눈도, 오른쪽 눈도, 서로에 익숙해져서
서로의 가슴 맞닿을 날 언제일까

>
낮게 엎드려 지느러미 펼치고 추는 춤
함께 수족관 들여다보는 어떤 힘에도
당신과 나, 보색의 피켓은 들지 말아야지

왼쪽으로 한 바퀴, 오른쪽으로 한 바퀴 도는 거야

지구 한 바퀴 돌다 보면
제대로 만나질 우리

불나비

봐봐! 하이에나처럼 예민한 코와
번뜩이는 눈빛 가진 자들이
모두 같은 종족임을 내세울 때
도시의 불빛 아래로 나비들 모여들잖아

사정없이 뽕잎 갉아먹었으니
불빛 삼키고 어둠마저 삼킬 태세로
쿵쿵거리는 발자국들은
은백색 실을 풀어 집 한 채 짓고 싶어진 거지

불빛과는 상관없는 가로수 잎들
바람에 등 떠밀려 아스팔트 위
우르르 몰려다니고 있잖아

빌딩과 빌딩 사이에서
우리가 알지 못하는 웃음소리 간간히 섞어
굴절된 어둠을 만들잖아

>
그럴수록 새까만 눈동자들 더 반짝거리는
편히 몸 뉘일 곳 없다는
소리 없는 노숙의 아우성

봐봐! 줄줄이 모여드는 발길들
촛불 속으로도 뛰어들잖아
아침 해 불끈 솟으면 유리등에 갇힌 밤이
얼마나 지옥 같았는지
까마득히 잊힐 걸 알면서도

유리流離*의 길 · 1

식탁에 매달려 있던 조명등이
크리스탈 장식 하나를
남자, 여자 말없이 밥을 먹는 둘의 정적에
떨어뜨렸다

가까운 거리에 단절은 그렇게 있었구나

포말처럼 몰려온 추락의 굉음
식탁 유리에 크리스탈이 남긴 상처

금 간 틈새로 꾸역꾸역 몰려드는
거품 같은, 발효 중인 감정의 찌꺼기들

* 유리표박(流離漂泊)의 준말로 일정한 직업 없이 이리저리 떠돌아다님.

유리流離의 길 · 2

각자의 행성으로 떠도는 일에 급급했던
우리는 금간 식탁 위의 유리

우주궤도 이탈한
소행성 한 알이 내어 준
네 갈래 낯선 길에 세울
표지판을 고민했다

짧은 길, 길게 뻗은 길, 구부러진 길, 곧은 길
동서남북으로 생겨난 길은 나로 하여금
어느 쪽으로 발을 들여 놓아야 할지

예기치 못한
망설임을 주기에 충분했다

유리流離의 길 · 3

사막 하늘 덮은 별들을 보려면
어느 길로 가야 하느냐고
유리 위에 얹어둔 또 하나의 유리잔도
내게 길을 묻곤 했다

숲이 지나가고 꽃들이 지나가고
강물이 지나고서야
저 길들은 나를 끌고 또 어디로 가려 하겠지

이번엔 시간에 포박되지 않은
구름이었으면 해

가시덤불에 갇힌 벌새가 그랬던 것처럼
날아오르려다 날개 찢기지 않는다면
그게 유리流離의 길인 거지

3
마지막 변색

구름의 서체

고즈넉한 사찰 기둥에 누군가 새긴 저 글씨
불이문不二門, 무슨 뜻일까

둘이 아니라 하나라니?
마음과 몸이 그렇다는 것인가
너와 내가 그렇다는 것인가

허공 낮게 지나다 기와지붕 위에 앉은 구름이
잠시 숨 고르는 동안에도
불이문 새겨진 글자는 기둥을 떠나지 않는다

그러면 결국 기둥과 글자는 하나인가

저 글을 새겨 넣고 주섬주섬 끌을 바랑에 챙겨 넣은 한 사람은
어디론가 떠나고 없는데 글자 혼자 남았다는 것은
너는 떠나고 없어도 내 안에 너 있다는 것 아닐까

>

몸 안에 그림자를 도사려 넣었다 해도
너는 내 몸을 빠져나간 것이 아니고 서로의 배후가 되었다는 것
소리 없이 다가온 일몰이 나를 황급히 감추려 해서
당신은 나에게 꼭꼭 숨은 것

기둥이 주저앉고 벽이 허물어진다 해도
구름의 서체 불이문은 잠시 숨을 고르는
뿔을 가진 얼룩무늬 짐승의 배후다

겨울 붕어처럼

몸에 박혀 있는 사금파리가
속울음이 깊어 반짝거린다

공중은 먹구름으로 가려졌다 해도
물살의 등에 둥둥 떠밀리며
아가미로 뿜어내는 슬픔들
그걸 눈물이라고 부르지 않던가

주름 촘촘한 이마에서
어제의 물살은 후미로 흐르는데
자신의 비늘을 허공에게 보여주려
펄떡이는 붕어 한 마리

온몸 저리는 수초의 틈새로
천천히 걸어 들어가려는
내 비늘 빛 결빙의 언어들

깊어진 뿌리의 갈대를
가끔은 온몸으로 흔들고 싶다

몽상, 잠을 부르다

글자 없는 경전을 소리 내어 읽던 풀벌레
언제쯤 곧추세운 더듬이를 살며시 눕히려나

눈꺼풀 같은 가림막을 귀는 갖지 못했으므로
끊임없는 소리들 불러들이는 거였지

풀벌레 소리, 개 짖는 소리, 시계초침 소리
그보다 더 많은 소리들이
몰이꾼에게 쫓기는 양들처럼
내 귓속으로 들어왔다

지상의 소리에 길들여진 내 귀는
양 떼들 우리 속에 다 가둔 뒤에야
슬그머니 문을 닫아건다

잠 속 초원에서 불어온 바람이
싹둑싹둑 어둠을 베어낼 때
이쯤에서 나를 위한 기도는 끝났다

블라인드

가벼워지기 위해선
보퉁이로 짊어진 욕망 하나씩 내려놓아야 한다고
미끄러운 길을 수만 번 오르내리다
등짝 휘어지고 나서야
유리창도 길인 걸 터득한다

별을 올려다보다가
더 높이 날아오르는 새도 되어 보다가
애초의 본능이 그러하듯
위아래로 당겨지는
줄줄이 엮인 삶의 무게들

허공으로 힘들게 들어 올리다 지치면
핏발선 눈빛, 제발 멈춰! 한쪽 눈만은 감지 마
그러나 결국은 한쪽으로 기울겠지

한눈 찡그린 채 형틀에 매달린 예수가
환해진 유리창 앞, 보이지 않는 경계선을 지우고

날기 버거워 버둥거리는 나를
묵묵히 내려다보는 거기

마주보기

또 다른 내가 거울 속에 있다
밖의 나와 잘 아는 사이인 것도 같은데
우리는 마주쳐도 모른 척한다

깔깔거리는, 토라지는, 자주 미간을 오므리는
너는 나에게 변장술을 가르친다

밖의 내가 알아보지 못하게
입술은 빨갛게 눈두덩은 새파랗게
가슴 훤히 드러나는 소매 없는 티셔츠
짧은 반바지에 굽 높은 샌들을 신겨 준다

발톱엔 새빨간 색을 발라
그렇게 당당한 나를 만들어 놓고 보니
이제야 질겅질겅 씹던 껌으로
후후 풍선도 불 줄 아는 내가 된다

과거의 내가 아닌데 나를 기억하는

누가 돌려 세우려 해도
어느 왕조의 낯부끄러운 유물처럼
청동거울 부식된 표면에 엉겨 붙은 나는
낯설지 않은 네가 되어 있다

더 이상 경계의 눈초리 따윈 보내지 않는다
그냥 마주보고 웃는다

마지막 변색

포식자에게 먹잇감이 되지 않으려 나
살아오는 동안
몸의 색깔 몇 번이나 바꾸었을까

사막에서도 늪에서도
눈에 쉽게 띄지 않으려 강박감마저 생겨났다

튜브의 물감 짜내듯 몸을 누르면
얼룩말 같은 줄무늬 옷을 입고 빠져 나간다
그렇게 오늘의 거울 속을 빠져나와
나는 초원을 달리고 싶어졌다

위장술에 목말랐던 거다
달리는 내 아랫배를 꽃들이 뜨겁게 스쳐
울긋불긋 달아오른 몸은
어둠이 내리기 전 잠시 들러야 할 곳이 있다

노을 걸린 귀룽나무 아래로 가서

주홍빛 형광의 노을을 망토로 걸친다
포식자 벌린 입 그 분홍 앞에서
카멜레온처럼 한 번 더
나 몸의 색 바꾸러 간다

이카루스 너머에서도 어울릴 변색을 위해

만월의 맛

목판 위, 찰진 하얀 반죽 덩어리 하나
불쑥 솟아오른 달 같다

배고픈 발길질로 툭툭 걷어차던 쑥
봄날, 노을 걸린 강둑길에서
가난을 밀어내려는 듯
슬픔을 밀어내려는 듯

홍두깨로 밀어낸 반죽이 둥글 만치 둥글어졌을 때
엄마는 들이댄 칼날로 탁탁탁 달을 썰었다

질척대던 원망을 손바닥으로 주물러
꿈의 반경을 넓혀가던 저 달
나는 한 그릇씩 퍼 담은 둥근 국수 대접을
허기진 형제들 앞에 놓는다

앞앞이 건네준 만월에서
여동생은 어릴 때 얼굴을 비춰 보고

남동생은 킁킁거리는 코로 냄새를 맡는다
너와 나 타지로 떠돌다 돌아온 거리만큼
주르르 흘러내린 달에서
쑥 냄새 물큰하다

모래시계

입술이 파리한 건 뜬 눈으로 밤새우며
삶이 고단한 그대 앞에서
노래를 불러 주었기 때문이다

비의 손가락에 눌린 지붕의 건반은
밤새 내리는 빗소리 반주로
가슴에 구멍 낼 때까지
모래시계는 노래를 불렀겠다

기차 타고 왔다 기차 타고 떠나는
일몰에 들 때까지 입술 옴짝거렸겠지
어둠이 그런 당신 늑골을 만났으니
불러주는 노래는 모두 흥겨워야 했겠지

사랑해야 한다고, 그리워해야 한다고
막바지 풀벌레의 목청으로
구멍 난 가슴 메우려 했으므로

>
어쩌다 말라가는 꽃잎 소리가 들려와서
무너지는 모래에 섞일 때
움푹해질 대로 움푹해진 그믐밤

아침이면 새로운 모래성 하나를
그대 창 앞에 옮겨놓으려 했던 것이지

율도를 찾아서

신시도, 선유도, 무녀도, 장자도,
당신에게 닿으려 걷고 걸어도
섬의 둘레 굽어진 길은 까마득하다

섬의 정수리 징검다리처럼 밟아 건너면
가 보지 못한 율도에 닿을 수 있을까

간절한 목마름으로 섬에 닿은 나
굿거리장단인 흰 망초꽃을
달려오는 파도 앞에 던진다

섬과 섬 사이로 경계 없는 수평
바닷물은 한 몸을 이루었는데
내가 그대에게 줄 수 있는 것은
가난한 사랑의 말 뿐이라서
그대에게 향하는 발걸음은 무겁다

순한 눈빛 애인 입에 넣어 줄

새우깡 한 봉지 사들고 입맞춤하러 가고 있는 나
갈매기 그대 사는 섬을 묻는다
가위로 싹둑 자른 해무 둘둘 말아
차곡차곡 채워 넣은 배낭은 점점 무거워지고
아무도 들여다보지 못할
당신과 만나 기거할 방 한 칸 들일
율도는 아득하기만 하다

무인도

어떤 향香이면 향수鄕愁를 달랠 수 있을까

내 취향도 알지 못한 채 향수를 선물로 준 사람은
자신의 취향 속으로 들어오라는 암시일 것

언젠가 외딴섬을 본 적 있던 나
아무도 오르지 못하는 무인도일 거라고 믿었는데
이름 모를 새들은 잘도 섬에 집 짓고 새끼를 기른다

난 무인도 그녀를 점차 닮아
날개 조금씩 흔들어 보이는 버릇이 생겼다

그리움의 무게에 눌린 나머지
올무에 걸린 산짐승이 몸부림치듯
가까이서만 보던 그도, 그대 속에 갇힌 나도
일정한 거리의 외딴섬이 되어간 거지

그 사이 침묵으로 정지된 바다

섬의 체취가 액자 속에 걸렸다
그래서 나는 내 안의 어떤 향을 만들기 위해
섬의 테두리에 섬백리향을 둘러 세웠다

나만의 향수에 취해 살고 싶었다

이제 그대가 보내온 향수
무심결에 마개를 열고 보니
섬백리향 안쪽 섬, 곳곳에 자욱하던
안개의 냄새를 닮아 있다

천년의 옹이

산사 처마 끝 풍경소리 범종소리에
쇄골 깊어진 천년은행나무가 있다

둘둘 나이테로 감기는 천년의 길을 따라
은행나무 속으로 걸어 들어간 사람
지금쯤 천리 밖 우주를 맴돌고 있겠다

네가 나였으면 했을 때
나를 마애불처럼 세워 둔 당신

염주 알을 목에 걸고
은행나무 속으로 천천히 걸어 들어간 것은
천년 후, 그리움 깊어진 내가
하얀 고깔 쓴 달빛이 되어
은행나무 반경 아래 서성거리길 원해서가 아닐까

흔들리는 만장처럼 가슴 속 모두 비워내야
물드는 법을 가르쳐 주는 은행나무

>
또다시 건너갈 천년의 구간, 구멍을
딱따구리를 불러 저녁 내내 뚫고 있다

물푸레나무 독백

바람 불어도 흔들리지 않겠다는
어제의 혹독한 믿음이
오늘은 쏟아지는 가을볕에 어지럽다

난 물푸레나무에게 어떤 위로의 말 건넬까, 궁리 중이다

초록의 오기를 닮아 앞치마 몇 번 툴툴 털기도 했지만
여전히 닿을 수 없는 너와의 간격은
기다림의 습관에 젖어 몸만 퉁퉁 불어나게 했다

그리움이 수면 위에 일렁거려도 쉿!
그건 너만 아는 비밀이야

물속에서도 여전한 갈증은
또다시 푸른 통증 피워보라는 암시
움직이지 않는 바위인 너, 옆에 있지만

모르는 척하는 건지, 아주 모르는 건지 나도 몰라

무심히 바위 깔고 앉는 나는
아직도 어지러운 물푸레나무 그림자다

쪼르르 달려온 열목어 마주친 눈빛은
이미 나를 알고 있다는 듯 빼끔빼끔 뿜어내는 물방울
비밀은 그렇게 발설되고 있었다

물빛 푸르게 번지지 않았어도
부러진 나뭇가지가 바위 부둥켜안은 연유로
물푸레나무 가만히 다녀간 걸 백천산장 주인은 안다

비밀의 베틀

배 건네주오! 배 좀 건네주시오!
캄캄한 강가에서
고래고래 지르는 아버지의 소리를 따라
삐거덕거리는 나룻배가 건너왔다

번뜩이는 물빛이 무서웠던 단발머리
서너 살 어린 계집애가
노을처럼 수면을 붉게 물들이며
지금도 우두커니 앉아 있는 백마강

발목 푹푹 빠지는 모래사장도,
지긋지긋하게 내리던 비도
기억의 갈피마다 촘촘하게 끼어
첫사랑이 건네준 단풍잎과 함께 버석거린다

백마강 비밀창고에서
새로운 기억의 그물을 짜 던지려는 건지
늙어버린 소녀는, 그리움을 베틀에 얹어
새벽 물안개로 짜 올리고 있다

바람골 노을

짙푸르다 사라진 말들
한 줄에 엮여
버석거리는 마른 풀들을 헤집는다

없던 산길을 만든다

사뿐사뿐 걸어올 봄의 그대에게 감지되도록
흰 뼈 억새의 흔들림마다
손끝 혈흔 표식 남기고 싶었다

북극을 향해 걸어가는 남자
남극에서 막 돌아온 여자
얼마만큼 깊은 골짜기에 닿아야
서로 온전히 젖을 수 있을까

낮과 밤의 바람이 바뀌는 이곳
여기가 교차점쯤 일 거라고
걸어 둔다, 쓰린 노을 한 자락

바람의 손

사랑한다는 말 누구에게도
해본 적 없는, 들은 적 없는 나
중얼거리며 산 능선을 오른다

낙엽에 발목 푹푹 빠지는 길에서
무거워지는 내 몸의 소리에 놀라
까마귀 푸드덕 날아오른다

익숙한 길로 끌려왔던 내가
낯선 길로 사라지려는 너와
침묵을 사이에 두고 앞서거니 뒤서거니 할 뿐
손 잡아줄 어떤 급경사도 만나지 못했다

사랑하는 것과 사랑받는 것은
어떤 일치를 보여 주지 못했으므로
너는 허공 나는 지상 서로 달아나기에 바쁘다

능선 길마다 보이는 까마귀

그런 까마귀에게 사랑한다는 말 마음속으로 건네자
되돌려 주는 '나도 사랑해'라는 말
까악까악 큰소리로 우짖는다

오랜 시간 그 자리에 선 나무가
온몸으로 바람 껴안고 나서야 들려주는 전주곡
오를 만큼 올랐으니, 이제 내려가는 길에선
서로의 손잡으라는
나무의 마지막 연주가 있었다

발효의 시간

시간은 족쇄처럼 손목에 걸려
째각째깍 살아가라 한다

산야초를 항아리에 넣고 밀봉시킨 나는
한동안 발효되는지 뽀글거리는 소리에서
톡톡 터지는 물봉선화처럼
살기 위한 몸부림을 듣는다

쉴 새 없이 돌아가고 있는 톱니바퀴에서
풀려나오는 시간의 포승줄
포로처럼 그 줄에 묶여 버린 우리
어둠이 하루를 지워 주지만
울음주머니는 자꾸 부풀어 오른다

누군가 길섶에 흘리고 간 눈물의 의미를 읽는 동안
풀잎에 꼼지락거리는 발가락엔
송글송글 새벽이슬이 맺혔다

>

시간의 줄을 타고 사라져가는
민낯의 함박눈이 그랬던 것처럼
겨울 담벼락 아래서 막힌 숨통 틔우고 싶었다

째깍째깍 넘어가는 시간의 물레가
항아리 속에 나를 가둔다
또다시 족쇄 없는 거품 밟아 오르라고

벚꽃 주차장

자동차 앞유리 물방울들은
자신이 투명감옥인 줄 알면서
떨어질 꽃잎을 기다린다

쓱쓱 닦아낼 윈도 브러시를
만류하는 지금 나는
차 안에 앉아
꽃잎 좀 더 떨어지길 기다리는 중

증발해야 할 삶의 무게에 눌려
서로 손 붙잡고 놓지 못하는
미련의 무덤일지라도
한꺼번에 지우고 싶은

때 지어 젖은 꽃잎
제 몸의 물기 다 마를 때까지
그대로 견디는 적막 속에서
나는 한순간에 너를 지우기 위한
어금니를 앙다무는 중

4
동굴 들여다보기

변명

울먹거리며 다가온 무당벌레가
산길 더듬다 목에 걸린 적막을
내 목구멍 속에서 당겨 낸다

몸에서 나온 흔들리지 않는 길이
수천의 풀잎들을 흔들어댄다

침묵 깊어질수록 생겨나는 가슴 속 빈칸
꽃말로도 채울 수 없는 공허함은
농도 짙은 점액질로 무늬를 찍는다

나로부터 슬픔을 감지해낸
무당벌레 동그라미 저 몸통이
허공의 흰 뭉게구름 사이로 사라진다

알고 보면 내 몸속 무당벌레를
다 꺼내지 않았기 때문에
내 옆구리에 자라는 통증

>

일주문을 향해 내려오는 독경소리에
몸의 무늬 낙엽 속에 감추니
너도 나도 적막에 들 시간이다

바람 내려앉은 줄 위에서 무당벌레
한 번은 비틀거리고 사라진다

우리 동네 변천사

무엇이 바뀌고 무엇이 새로 생겼는지
동네 한 바퀴만 돌아보면 안다

한때 번성했던 동네시장도 이젠
거죽만 남은 빈 포대자루처럼 접혀 있다
도로를 끼고 있는 점포만이
잇고 있다, 시장이라는 명맥

쌀집은 정육점으로 바뀌고
미용실은 꽃님이네 채소가게로 바뀌었다
약국이었던 곳에는 떡집이 들어섰고
길 건너 버스정류장 앞은 벽지 파는 가게였는데
얼마 전 아로마 라이프라고 간판을 바꾸었다

아로마 라이프가 무엇을 파는 가게인지 궁금해
문 열고 들어가 보니, 란제리 종류와
요실금 팬티, 전립선 팬티를 판다고 한다
일명 기능성 속옷 집이 되었다

>

그날 이후 나는, 요실금 팬티가 더 많이 팔릴까
전립선 팬티가 더 많이 팔릴까 궁금해졌다
변해가는 것은 동네시장만은 아닐 것
내 몸도 자꾸 변해가다 기능이 나빠지면
어느 날 요실금 팬티 찾게 될지도 모를 일이지

요실금 팬티와 전립선 팬티 중
어느 것이 더 많이 팔리든 간에 나는
예전이나 지금이나 그대로 머물고 있으니
이 동네 터줏대감일 뿐이어서
시시콜콜한 이런 글을 시라고 쓴다

별사진관

눈썹 같은 산마루에 노을이 쓸려서
하루가 찍히고 한 생이 찍히면
울음과 웃음이 구별되지 않는다

자꾸 웃으라는 사진사의 강요에
어머니의 표정은 어색하다

빼곡하던 기억들이 와르르 무너져
주름살로 밀려든 것이다
웃음으로 수척을 지운다는 것이
꽤나 민망하셨던 모양이다

배경으로 찍히는 나무 앞에서
눈을 감아도 눈을 떠도 나무의 마음
헤아려 본 적 있었던가
나무도 영정 사진이 필요할 거야, 라는
엉뚱한 생각만이 오래된 나무를 흔들었다

>

어머니는 지금 별빛 속에 계신다

웃는 모녀를 가두려 들어섰던
사진관 지붕 닮은 문이
아귀를 버리고서야 별의 손짓에 환하다

보법, 날렵한

쉰 목소리로 울기만 하면
노래가 될 줄 알았던 착각도 잠시
흰 등을 보여 주는 고양이가 그랬듯이
낯선 길을 걷는 내 발은
살금살금이다

누군가 살 발라먹고 버린 물고기에서
몸 안쪽을 지탱하던 뼈를
나쁜 버릇인 줄 알면서 앞발로 툭툭 건드려 본다

어제의 죽음이 별에 닿기까지
얼마나 많은 발자국 허공에 남겼을까
손끝으로 헤아리는 나의 버릇
고양이는 사람들 잠든 지붕 위를 지나갈 때도
살금살금 근육의 이완을 풀지 않았다

밤을 건너는 달의 보법
언젠가부터 터득해내고 말리라고

고양이 눈빛으로 다짐도 했다

돌아갈 수 없는 곳까지 와 버린 내가
정신도 가벼워졌겠다고 사람들은 말하지만
그건, 낯선 길들이 아무도 모르는 사이에
등 뒤로 사라지는 것을
보지 못했기 때문이다

별을 징검다리처럼 밟으며
살금살금 허공을
더 멀리 건너뛰고 싶어졌다

동백사랑

좁고 구불한 길이어도
끝나지 않기를 바랬다

당신 향한 더듬이가 멈추고 만 토말
여기가 더는 갈 수 없는 땅끝일 때
사랑은 고독에 맞닿아 있음을 알았다

몸통 다 비운 소라껍질이
바닷물에 찰랑찰랑 씻기고 있는 동안
먼저 다녀간 당신과 찍은 발자국인 듯
움푹한 모래톱을 붉은 꽃잎같은 눈으로
하염없이 들여다본다

명사십리 아른거리는 동백의 피를
다른 평행에 살고 있는 당신에게 보이기 위해
오래도록 외로움에 허기진 바다제비에게
나 이제 더듬이를 달아주려 한다

>

바닷길 헤치고 나가는 여객선 후미에도
흰 포말의 길이 있었기에
그대 떠난 창천포에서 기약 없이 빗장을 지른다

끝내 열지 않으리라는 다짐으로
몸 더 깊숙이 길을 밀어넣는다

동굴 들여다보기

떨어지는 물을 받아먹고 종류석이 자란다
바닥과 천정이 맞닿으려는 것이다

솟구치는 뿔의 속성이 그렇다
허공으로 오르기 위해
몸 안의 고뇌를 꺼내어 쌓아가는 탑

뛰어넘어야 할 욕망의 계단이
동굴 곳곳을 채우려는 듯
모양 다른 뿔들을 키우고 있다

그런 뿔을 눈치 빠른 계단쯤으로 보아도 무방하다

허공에 없던 길 하나를 새로 열고
마천루처럼 산다는 것도
아무도 모를 슬픔으로 길들여진다는 것도
돌의 순에 눈빛을 뾰족하게 걸어주는 것이다

>

그대 다녀간 길 위에 배설물이 자라면 어때
언젠가는 말라가다가
그리움도 허물어질 날 있을 테니

오랜 세월 누구도 들여다보지 않은 동굴
천정에 매달린 박쥐같은 까만 눈망울
그대 잔상을 보고야 말았다

동굴을 나선 뒤에라도 메아리처럼 되돌아올
반가웠다는 인사 한 소절쯤
귓가에 여운으로
남겨 주었으면 좋았을 것을

돌탑을 쌓다

돌들의 침묵에는 상처가 있다

이리저리 나뒹구는 돌들
이끼 당겨 덮은 돌들
모가 나서 뾰족한 돌들

그믐의 처소에 닿은 내 배낭에서
마지막 돌을 꺼내는데
욱수골 꿩의 시린 가슴언저리가 만져졌다

제각기 다른 사연의 돌들이 모여서
뾰족한 연필처럼 세워진 돌탑

발등 무거운 사람들 흐르는 구름을 보다가
하늘 원고지를 올려다보는 저 돌탑을 손에 쥐고
무언가 한 구절 쓰고 싶어지겠지

몸 내부에 있던 뾰족한 끝을

이제 하늘에 둔다는 것은
구름도 모시나비도 품겠다는 것이다

울음 우는 꿩보다
먼저 심장을 들었다 놓는 욱수골 돌탑
한때 내가 놓아둔 침묵이 되어
턱밑까지 차오른 그대 숨결 앞에서
아득히 번져놓은 드로잉

하중이 무거운 돌탑이
비탈을 지키고 있다

돌꽃

웅크린 돌의 표면을 핥는다
지나간 물살의 흔적이 물컹
수없는 꽃, 몸 밖으로
피워내게 했던 거다

운문천 수몰 직전까지 까무룩 젖어 있던 몸
배낭 메고 물살 흔적 찾아 헤매던
나의 노고에서 너와 나
예측 못 했던 만남이 이루어졌지

생도 꽃도 예측 밖에서 피는 것이기도 해서
무기 같은 긴장 몸속에 감추고
물살 기다리며 우리는 살아가는 거지

살며 삼킨 눈물이 냇물이 되고 강이 되더니
꽃을 피워 그리움으로 흐르고 있었지
어색했던 몇 날의 밤이 지나고 난 뒤
이제는 내 품에 잠들고 싶은 듯

>

목이 마르다 하여, 물을 주고
앉은자리 불편하다 하여, 좌대에 앉혀주니
이미 꽃잎 닫아 건 늙은 매화나무인 내게
꿈틀꿈틀 수액을 나눠 준다

수줍어 배시시 웃으니
돌꽃 너도 덩달아 웃는다

닳음에 대하여

안 가본 산이면 어디든 신고 다닌
등산화, 밑창이 닳아 있다

그리움을 떠다니는 유빙이라 쓰고
고독은 애달픈 사랑이라고 썼다가
사랑에 닳은 내 생이라고 다시 쓰고 보니
닳아버린 신발의 바닥이 고무 지우개 같다

폐광된 갱도 빠져나와
하늘을 올려다보는 눈빛인 듯
내 눈과 마주친 등산화

그만큼 나를 신고 다녔음에도
한 줄 눈부신 시詩는 어디 갔냐고
붉은 꽃 피워내던 달거리마저 끝낸 나를
물끄러미 올려다본다

한계점까지 닳아버린 점点들이 모여

바람의 행간에 드는 순간이면 너
점박이 나비로 날아오를 거라 했던
다짐은 어디로 갔나

그래도 슬픔이란 낱말을 여러 번 지웠으니
고무지우개인 듯 닳아버린 신발바닥에
나, 한 채 누각은 남긴 것이다

고요 속 적멸보궁

다색주의자

점차 옷의 채도를 높여갔다

번갈아 빨주노초파남보
바꿔 입는 블라우스
이런 나를 본 누군가가 흠칫거리더라도
화사함을 환호해줄 주인 만날 때까지
내 복색은 유채색이다

그간 눈 내린 겨울에서
화르르 죽장 메고 백의로 달렸으니
꼼지락 꼼지락 안으로 피우던 매화
봄날 허기진 벌에게 보여 주어야겠지

살갗 달구는 노을 능선을 걸어서
캄캄한 얼음 동굴 지나 왔으니
웅녀의 발바닥처럼 말랑해져야겠지

도시로 흘러든 모든 길들이
말랑말랑함을 잃고 보도블록에 눌리고 말았으니

촌티 벗으려 활보하는 나라도
갓 피어난 꽃송인 척해야겠지

겨울 행적

바람에 흔들린 억새 대궁
살갗 안쪽이 허술해 졌다

곡예사의 몸짓처럼
쓰러질 듯 휘청거려도
뿌리만은 꼭 움켜쥐었을 것이라고
믿고 싶어지는 건 왜일까

허공으로 건너갈 환승의 낯빛이
가부좌 틀고 앉은 늦가을

죽은 새 깃털 뽑히듯
억새는 스스로의 몸을
바람에게 돌려준다

지우고 싶은 길 내려놓고
툴툴 생의 환부를 털고 있다

>
저 홀로 서걱거리다
마른 몸 동면에서 잠깨는 날
다시 초록의 손짓을
촛불처럼 들어 올리리라

수석의 시간

그냥 이대로 흘러가요
역류하지 말아요
층층이 쌓인 것은 그리움의 시간이니
잔잔하게 흘렀으면 해요

끊어내지 못한 사랑이라도
뿜어내지 못한 울음이라도
그냥 안고 흘러가요

달빛이 수면을 만났으니
서로에게 흘러들어 둥둥 꽃잎 띄워 보아요
한바탕 출렁임 뒤에는 고요가 밀려들겠지만
뒤집힌 강바닥 돌들처럼 몸속 꽃무늬 생겨나겠죠

부딪쳐 깨어진 자리
슬픔이 백만 번쯤 지나간 걸로 알아요
생은 어차피 그런 깨어짐의 연속인 거죠

>
물살 느려지는 강 하구에 닿으면
흐르느라 미처 하지 못한 모래알 같은 이야기
나눌 수 있겠지요

배낭 메고 돌밭 어슬렁거리는
그대 따뜻한 손길을 만난다면,
그 또한 얼마나 다행인가요

백마강에서

망초꽃 속을 달리는 강물이
흰 말의 갈기를 풀고 있다

어디선가 와서 어디론가 돌아가야 할 길이
수면을 흔드는 춤이었을까
무리 지어 떨어진 흰 꽃, 환하라고
물살을 밀다가 뱃살이 깊어진 나룻배는
모래펄에 닿는다

좁아진 강폭만큼 늘어난 보폭으로
지워진 강변의 길을 재어 보았다
방학 때마다 건너다니던 여기가
그리워하던 수묵의 세상이었던 것일까

반쯤 늙어버린 낯선 나에게
더 이상 앞으로 나갈 수 없음을 말하려는 듯
이쯤에서 되돌아가라고
등 뒤를 흐려놓는 저 번지는 먹물의 꽃들

>
일몰에 회귀하는 백마강 뱃전에
한 아름 꺾어든 망초를 던진다

수제비가 있는 저녁

아린 맛 감자가 아버지의 수제비다

벽에 못을 박을 때
엄지와 검지로 잡아주던 아버지
내 엇나간 망치에 되려 아파오던 손끝 아린 그런 맛

먼짓길을 걸어 학교에서 돌아온 내게
소다가루를 넣고 반죽해 떼어 넣던 아버지의 수제비
탱자나무 울타리 위 달처럼 끓는 물 위로 둥둥 떠올랐다

강물에 던지는 내 돌멩이는
아버지가 던진 그 옛날 돌의 뒷면을 더듬으며 읽는 중

장롱 속 깊이 넣어 두었던 빛바랜 앨범
이마 벗겨진 아버지의 얼굴은
저녁 내내 구겨진 달빛으로 어른거렸다

>
저녁엔 무얼 먹을까 고민하다가
흔들리는 수면에 일그러진 달 맛이 생각난 나는
아린 엄지와 검지로 수제비를 뚝뚝 떼어 넣는다
아직도, 여전히 냄비는 끓고

해설

유리流離의 길, 불이不二의 길

이 태 수 | 시인

i) 심수자의 시는 사유가 깊고 치열하다. 그 무늬와 빛깔들이 무겁고 어둡지만 다채로우면서도 진솔한 호소력을 뿜어낸다. 결핍과 상실감에 뿌리를 두고 있는 경우에도 그 승화와 초극으로 나아가는 과정들이 곡진하게 그려져 있다.

대부분의 시가 현실적인 삶의 아픔과 슬픔, 홀로의식과 소외감, 소통부재와 불화 등 밝은 빛보다는 어두운 그늘에서 발화되지만 궁극적으로 지향하는 세계는 그 반대쪽인 것으로 읽힌다. 비우면서 채워지기를 열망하는 비움과 기다림의 미학, 지난날에 대한 그리움과 회귀의 정서, 생성과 소멸을 아울러 바라보는 관조와 연민의 시선, 역설적인 자기비하나 세속사회를 향한 부정적 시각 등을 두루 아우르면서 더불어 더 나은 삶에 다다르기 위한 화해와 사랑, 소통과 베풂, 깨달음의 세계 꿈꾸기에 완강하게 연결고리를 달고 있기 때문이다.

끊임없이 안팎으로 유리의 길을 나서고 되돌아오는 시인은 비속한 현실 속에서 절망하거나 좌절감에 빠질 때도 없지 않으나 그때마다 어김없이 자기성찰을 전제로 초월에의 꿈꾸기를 거듭하는가 하면, 때로는 비현실적이고 환상적인 꿈과 형이상학적인 이데아 추구로 그 통로를 트고 열어나가는 양상을 보이기도 한다.

ii) 시인은 맨 앞의 시 「꽈리여자」에서 꽈리소리를 여자의 노랫소리에 비유하고 있다. 꽈리는 "닫아건 붉은 문 안쪽"에 "입술 봉긋한 여자"가 앉아 노래를 부르기 때문에 소리를 낸다는 것이다. 꽈리꽃잎과 그 열매를 하나로 포개어 바라보면서 그 속을 다 비워내야 "부를 노래가 가득 차서 / 막바지 무당벌레도 / 장단 맞추고 간다"고 한 대목은 그래야만 꽈리소리가 최상의 제구실을 하게 된다는 사실을 말해 준다.

꽈리는 열매의 속을 다 우벼낸 뒤 "따뜻한 당신의 혀끝"과 만나야 "닫혀 있던 주홍 꽃잎의 문"이 열리고, 그 "공복에 눌린 입천장에서 / 까르르 떨"리는 소리를 내게 되며, 그 속이 완전히 비워져야만 불릴 노래가 충만해 '막바지 무당벌레'마저 장단을 맞출 정도가 된다는 것이다. 부연하면, 꽈리의 빈 속(공복)이 따뜻한 당신(교감하는 대상)의 입안에서 혀끝과 만날 때 소리(노랫소리)를 내듯이, 꽈리 같은 여자는 이 같은 필요조건들이 충족돼야 잠재潛在되고 절제節制됐던 노래들이 불리게 된다는 메시지에 다름 아니다.

이 시의 화자는 바로 꽈리 같다. 시인 자신이 꽈리가 소리를 내듯이 시를 쓰는 여자로 보이게도 한다. 그런 점에서 공복처럼 비어 있는 듯 부를 노래(시)들이 가득 차 있는 꽈리(시인)의 내면정황이 그런 계기를 만나야 노래(시)가 불려진다(쓰인다)는, 시인이 바라는 바의 자화상自畵像을 그려 보이는 것으로 봐도 좋을 것이다.

시인은 이 시에서 "입술 봉긋한 여자"(노래 또는 시의 원천과 원동력)는 "붉은 문"(억제)으로 갇혀 있기 때문에 "긴 웅크림의 시간"을 감내해야 하고, 그 긴 웅크림을 담보로 어떤 계기와 조우하기를 기다릴 수밖에 없다고 본다. 또 그 이전 상황을 보면 "지문으로 누르면 / 웅크림의 입구에서 / 끈적이며 쏟아지는 알갱이들"이라는 대목이 나온다. 이렇듯 꽈리 열매 속에는 알갱이들로 가득 차 있었으나 그 알갱이들(웅크림들)을 다 쏟아내야 꽈리 열매는 속이 텅 빈 꽈리로 변신變身하게 되고, 그 변신은 비로소 그 이전의 긴 웅크림들을 변용變容해서 선명한 소리를 빚을 수 있게 된다.

이렇게 본다면 시인은 바로 '꽈리여자'이며, 이 여자의 꽈리소리는 이 시인이 빚어내는 노래(시)에 다름 아니라고 할 수 있을 것이다. 이 때문에 이 시는 '꽈리=시인'이라는 등식을 보여주는가 하면, 꽈리를 통한 자기성찰自己省察에 무게를 실으면서 시인으로서의 삶을 시사示唆한다고 볼 수 있다. 또한 비움과 채움의 상관관계를 통찰하면서 비움으로써 새롭게 채워진다는 '비움의 미학(미덕)'을, 긴 웅크림과 어떤 최상의 계기와의 만남이 꽈리의 제 기능을 가능케 한다는 '기다림의 미학'을 동시에 제시하고 있는 것으로 보게 한다.

시 한 편을 두고 장광설을 늘어놓은 감이 없지 않지만, 「꽈리여자」는 이 시집의 첫인상을 선명하게 느끼게 할 뿐 아니라 시적 방법론에 대해서도 어느 정도 암시하면서 그 실마리도 찾게 해준다는 점에서 찬찬히 들여다본 셈이다. 더구나 속이 다 비워져 있는 듯 기실은 닫힌 문 안에 노래가 가득 차 있는 꽈리여자로서의 시인을 따라나서면, 이 같은 인식과 사유思惟를 근간으로 다양하고 다채로운 빛깔과 무늬들이 변주變奏되고 있음을 느낄 수 있을 것이기도 하기 때문이다.

iii) 꽈리여자로서의 시인의 시선이 외부로 향한 경우를 먼저 조금 따라가 보자. 시인이 수족관 속이나 도마 위의 가자미를 들여다보면서는 그 시선이 외부로 향한 듯 기실은 내부로 되돌아오는 자기성찰에 초점이 맞춰져 있다. 게다가 비관적이거나 절망적인 전망 속에서 은밀하게 그 초극超克에의 의지에 불을 지피는 기미들도 감지할 수 있다.

평생 바닥만 누비며 살아서인지
오장육부도 납작했다
앞뒤로 이만큼 납작해졌다는 것은, 그러니까

납작한 바위를 닮으려던
수난에 길들여진 너의 진화

그러고 보니 평생을 엎드려 살아온
나, 또한 가자미다

—「납작론論」 부분

가자미와 화자(시인)의 삶을 하나로 아울러 바라보는 이 시는 수난受難 극복으로서의 엎드려 살기에 대한 비애를 가감 없이 보여준다. 가자미와 같이 평생 바닥에 납작 엎드려 살아온 것은 수난을 피하기 위해서인데도 역설적으로 수난에 길들여진 진화進化라고까지 비약된다. 하지만 가자미가 도마 위에 오른 운명의 막바지에 이르러 그 진화는 퇴화退化에 다름 아니듯 무화無化돼 버리기도 한다.

더 납작해질 필요가 없다는 듯 '반감'이 "슬슬 / 물방울처럼 뽀글거리"고, "바닥 향하던 뱃가죽도 뒤집어 보는 체위"라는 묘사들이 바로 그 예다. 이 극단적인 좌절감은 "몸의 살점 다 발라내고 / 목 칠 일만 남아 내려다보는데 / 마지막 안간힘 지느러미가 툭툭 어깨를 친다 / 도마도 바위인 듯"에서와 같이 마지막 절규마저 허망한 생존에의 몸부림에 지나지 않게 되고, 도마와 바위의 대비를 통해 그 처참한 비애가 극대화되기도 한다.

시인은 수난에 길들여진 자신의 삶을 가자미를 통

해 인식하고 '가자미=나'라는 등식에까지 마음을 가져가기도 하지만, 이는 그 비애에 대한 반감反感뿐 아니라 뛰어넘고 싶다는 역설적 의미를 내포하고 있기도 하다. 아무튼 시인은 세상이나 삶을 비관적인 시선으로 바라보면서도 이 같은 현실 속에서도 초극이나 초월超越에의 꿈꾸기는 유보하지 않는다는 데 주목할 필요가 있다.

다른 시편들에서도 이 같은 뉘앙스는 다양한 모습으로, 때로는 비교적 구체적인 양상으로 드러난다. 「노란 증발」에서는 "꿈은 흑백인데도 / 은행나무가 떨친 노란 잎들이 / 걸어 들어"오고, 그 "잎에 가려져 보이지 않던 / 낯선 별들이 하나둘" 보이게 되는가 하면, 「그루터기 엿보기」에서는 "관심과 무관심 사이 / 잘린 나무 그루터기를 / 안개가 반쯤 지워 놓"았지만 "관심에도 무관심에도 / 이름 모를 어느 별까지"도 "푸른 꿈의 이파리"를 밀어 올리는 양상을 띠고 있다.

고사枯死 직전의 나무를 들여다보는 시선 역시 크게 다르지 않다. 되레 더욱 진전된 세계와도 연계돼 있다. 비움과 기다림의 미학에다 한결 너그럽게 '베풂의 미학'을 보태고 있으며, 현실 초월적 깨달음에 이르는 길까지 열어 보인다. 시인의 서정적 자아는 대상(식물)을 마치 성자聖者와도 같은 존재로 격상시키고, 그 대상에 시인이 꿈꾸는 바의 내면풍경을 포개어 보여준다.

오뉴월에 내린 찬 서리도
무지개 뒤에 내린 함박눈도
묵묵히 품었던 나무

어쩔 수 없는 하늘의 무게를
바람 섞인 한 소절 독경소리로
떼어내려는 듯
가지를 뚝뚝 부러뜨린다

<중략>

뿌리가 말라가기까지
그늘 반경 몸 안으로 다 거두어들였으니
날개 지친 새들 잠시 쉬어 가라고
마른 몸 그대로 세워 둔다

— 「노거수 일대기」 부분

한 노거수의 생존 모습을 노래한 이 시는 고사 직전의 오래된 나무가 "오뉴월에 내린 찬 서리"나 "무지개 뒤에 내린 함박눈"과 같은 어처구니없을 정도의 이변異變을 연출하고, 아무리 시련을 이겨내도 죽음을 비켜설 수 없는 운명을 관조觀照와 깨달음의 시선으로 떠올린다.

시인의 서정적 자아는 대상을 지극히 주관화해서 고사목의 가지가 저절로 부러지는 것을 하늘의 무게를 독경讀經소리로 떼어내듯 부러뜨린다고 표현한다.

나아가 고사하면서도 그 마른 몸을 날개 지친 새들이 잠시 쉬어 가라고 그대로 서 있으려 한다는 것은 그 노거수에 대한 예찬이기도 하지만 그 세계의 자아화自我化에 무게를 실으면서 시인의 내면풍경(휴머니티)을 떠올리는 것으로도 읽게 한다.

iv) 시인은 생성과 소멸의 순환과 그 순리順理를 생명력의 절정이라 할 수 있는 꽃을 중심에 두고 다각적으로 성찰하는 한편 꽃의 의미를 형이상학적形而上學的인 사유의 지평으로 끌어올려 바라본다. 때로는 꽃을 신성하고 성스러운 경지로까지 격상시키면서도 궁극적으로는 그 생성의 의미 못잖게 소멸에 순응하는 관조의 시선으로 그 순환의 철리哲理에 다가가서 겸허한 깨달음에 이른다.

"어제의 뿌리와 오늘의 줄기가 / 꽃을 피우기 위해 존재했다면 / 내일의 잎은 떨어질 꽃을 / 다소곳이 덮어 주기 위해 / 존재하는 건 아닐까"(「꽃의 방증」)라는 물음은 어쩌면 너무나 당연해 보인다. 그러나 꽃이 그 절정이라 하더라도 그 이전이나 이후의 과정이 어느 것 하나 가볍게 여겨질 수 없고, 그 순환의 의미는 더욱 그렇다는 뉘앙스를 거느리고 있다고 봐야 한다. 시인은 이 때문에 절대자인 창조주를 향해 마음의 눈을 뜨고 귀를 열어 그 숨결을 느끼면서 소멸에 오히려 간곡한 마음을 끼얹고 있는 셈이다.

쉬 건너지 못하는 갈림길에서
시드는 꽃을 사랑하라는
그대의 나지막한 목소리는
누구의 별을 지킬 꽃이 되라는
귓가에 오신 하느님 당신
방증의 숨결이었다

—「꽃의 방증」 부분

사랑이라는 덕목을 떠받들고 있는 듯한 이 마지막 구절은 '시드는 꽃'에의 사랑이 '별을 지킬 꽃'이 되는 길이라는 깨달음에 다다르고, 그 사실이 아주 가까이 느껴지는 하느님 방증傍證의 숨결이라는 데까지 이르고 있다. 이 시는 제목이 이미 암시하고 있듯이 '하느님 방증'이 곧 '꽃의 방증'이며, '하느님의 숨결'이 곧 '꽃'으로 떠오르고 있어 꽃이 그지없이 승화(격상)된 경우라 할 수 있다. 그런가 하면, 한 계곡과 조우하면서는 꽃이 하나의 소우주小宇宙로 자리매김하게 되기도 한다.

꽃잎에 쟁여지던 소리들이
움푹한 목탁 속으로 들어갔다 나와
다시 소용돌이치고 있었으니
여기가 홍류동 계곡이다

<중략>

모였다 사라지는 것이 소리라는 것을
진즉에 알지 못했던 나는
되돌아와 나를 아프게 할 너를
물 위에 가만히 띄워 놓는다

— 「꽃을 놓아 주다」 부분

'소리'와 '꽃'과 '계곡'의 상관관계에 천착하는 이 시는 다분히 형이상학적인 빛깔을 띠고 있다. 홍류동 계곡에서는 소리들이 꽃잎에 쟁여지다가 목탁木鐸 속으로 들어가며 다시 되돌아 나온 뒤 꽃잎에 소용돌이치는 모습부터 그린다. 시인은 계곡의 소리들을 쟁이는 꽃잎과 독경이나 염불을 할 때 두드려지는 목탁(어쩌면 그 일깨움의 소리) 속을 넘나드는 물소리에 마음을 가져가는 것 같지만, 그 소리가 물소리만은 아니라는 데 주목해야 한다.

꽃잎이 계곡의 소리들을 쟁이지만 물소리뿐 아니라 목탁소리를 포함한 모든 소리들을 쟁이며, 목탁은 꽃잎이 쟁인 소리들을 포용하고, 그 성스러운 일깨움의 소리가 다시 꽃잎에 소용돌이치게 된다. 하지만 그 소리도 결국은 사라질 수밖에 없듯이 생성과 소멸의 숙명을 비켜서지 못하는 게 순리요 철리다.

시인은 홍류동 계곡에서 그 소리들을 통해 생성과 소멸의 철리를 깨닫게 되지만 그 깨달음은 아픔을 동반해 다가온다. 하지만 꽃잎에서 목탁 속을 거쳐 다시 꽃잎으로 되돌아온 소리들이 그 소리들을 쟁이고 있는 꽃을 "물 위에 가만히 띄워 놓는" 경지에 들고 있다는 점을 간과해서는 안 될 것이다.

시인의 꽃에 대한 애착은 각별하며, 그런 애착(상상력)은 무생물에까지 투사되는 경우도 있다. 「길 위의 돌」에서는 돌무늬를 돌에 만개한 꽃으로 보면서 "우레 뒤의 소나기도 / 숨찬 혓바닥 같은 일몰도, 들꽃의 미소도 / 몸 안의 꽃을 피우는 자양분"이었다는 표현을 낳는가 하면, 바위에 남은 공룡의 발자국을 보고도 "갯바위 듬성듬성 남겨진 백악기 / 움푹한 발자국마다 고인 물은 / 입안까지 검붉은 꽃"(「공룡 발자국」)이라는 묘사를 하고 있다. 이런 인식 역시 꽃은 생명력의 절정이며, 그 생명력은 온갖 시련이나 화답, 극단적으로는 소멸을 담보로 피어오른다는 일깨움을 바탕에 깔고 있으며, 때에 따라서는 소멸의 흔적을 통해 다시 생성되는 꽃을 바라보는 심안心眼도 읽게 한다.

v) 꽈리여자로서의 시인도 일상인으로서의 애환과 다반사로 마주치며 살아가지 않을 수 없다. 사람과 사람 사이에는 소통이 선행돼야 모든 것이 순조로울 수 있으며, 단절을 넘어 화해와 사랑의 지름길로 접어들 수도 있다. 하지만 인간의 삶은 밝은 빛보다는 어두운 그늘에 무게가 실리게 마련이다. 시인은 그 결핍을 아파한다. 이 때문에 사소한 일에도 민감하게 반응하고

상처를 받게 되는지도 모른다.

> 삼십 년간 손에 익은 접시가
> 두 쪽으로 갈라졌다
>
> 숨겨진 손금까지 죄다 읽은 접시
> 어떤 암시 같다
>
> <중략>
>
> 없던 길 하나 생긴 거라고 말하고 싶다
>
> —「징조」 부분

거나 "갈라진 한쪽을 건네주고 / 나머지 반쪽 품은 내가 / 천년 후 사랑 나눌 당신을 찾아 나서라는 말 / 갈라진 접시로부터 들었다"(같은 시)고까지 생각을 극단적으로 몰고 갈 정도다. 시인을 잠수함의 토끼에 비유하고, 예언자 반열에 올려놓은 사람들도 없지 않았지만, 이 시인의 예민한 감성은 그런 생각을 새삼 해보게도 한다.

「그림자의 무게」에서도 시인은 괘종시계의 추가 멈춘 것을 보고 오래 알 수 없는 그리움이 쌓여 시계 추 같이 꿈쩍 않는 통점이 됐다고 여기면서도 "당신과 나의 다른 견해 차이에 / 좌우로 흔들리던 시계의 추, 멈추는 것은 당연지사"라고 소통부재와 그 아픔을 토로 한다. 그러나 "서로 그리워하지 않기로 약속한 것도 아닌데 / 너나 나나 그림자 무게는 / 차츰차츰 줄어들고" 있다고 또 한 번의 반전을 시도한다.

세면실(목욕실) 흰 타일 벽 모서리에 매달려 사는 거미를 보면서는 또 다른 비약의 상상력을 작동한다. 갖가지 상상을 하다가 "혼자 사는 저 거미, 오랜 독수공방 탓에 / 혹여 내 몸 감싸 안으려 덤벼들면 어쩌나 / 갑자기 스멀거리는 노파심, 훔쳐보기를 즐겨하는 네게 / 분사용 살충제라도 뿌리고 싶은데 꾹꾹 눌러 참는다"(「거미와의 동거」)고 자기희화화自己戱畵化를 하면서 거미가 자연사하기 전에 장기인 "크레인 작동법만은 / 내게 전수 해주고 떠난다면 / 바닥인 삶을 어떻게든 들어 올려도 볼 텐데"(같은 시)라는 말로 자신의 삶에 대한 비애에 무게중심을 옮겨 놓기도 하지만, 그 초극에 대한 열망을 역설적으로 떠올려 보인다.

일상적인 삶의 길을 일정한 집과 직업 없이 이리저리 떠돌아다니는 유리표박流離漂迫의 길에 빗대어 그리고 있는 「유리流離의 길」 연작은 발음이 같은 '유리琉璃'와 '유리流離'를 매개로 예민한 신경의 올들을 곧추세우며 단절과 소통부재의 아픔들을 다각적으로 드러낸다.

식탁에 매달려 있던 조명등이
크리스털 장식 하나를

남자, 여자 말없이 밥을 먹는 둘의 정적에
떨어뜨렸다

가까운 거리에 단절은 그렇게 있었구나

포말처럼 몰려온 추락의 굉음
식탁 유리에 크리스털이 남긴 상처

금 간 틈새로 꾸역꾸역 몰려드는
거품 같은, 발효 중인 감정의 찌꺼기들

—「유리流離의 길 1」 전문

남녀(부부)가 식사하다가 천장의 조명등 한 부분이 떨어져 식탁 유리에 금이 가고 잠시 놀라게 된 건 대단한 일이라 할 수 없다. 하지만 "말없이 먹는 둘의 정적"과 "가까운 거리의 단절"은 시정을 다르게 할 수 있다. 이 시는 바로 그런 점에 초점이 맞춰져 있는 것 같다. 식탁의 유리에 크리스털 장식 하나가 떨어져 상처가 나 금 간 틈새로 감정의 찌꺼기들이 발효되면서 거품같이 몰려드는 상황은 불통과 단절을 더욱 악화시킬 수 있기 때문이다.

「유리流離의 길 2」의 "각자의 행성으로 떠도는 일에 급급했던 / 우리는 금간 식탁 위의 유리"라는 첫째 연도 바로 그런 정황을 떠올려 준다. 짧은 길, 길게 뻗은 길, 구부러진 길, 곧은 길 중 어느 쪽으로 발을 들여 놓을지 난감하게 한다. 어쩌면 사막 길 같기도 할 것이다. 심지어 그 난감한 망설임은 되레 "유리 위에 얹어 둔 또 하나의 유리잔도 / 내게 길을 묻"(「유리流離의 길 3」)게 되고 "시간에 포박되지 않은 / 구름"(같은 시)일 수 있기를 간절히 바라게도 할 것이다.

「사구砂丘」에서도 시의 화자는 아주 어려서 어머니를 여의고 젖배를 곯았던 사람(남편)에 대해 절절한 연민을 끼얹는다. "아기 적 울음소리를 뻐꾸기가 되돌려주는 거라고 / 나는 물컹한 빈 젖을 건네주었다"는 대목이나 "고봉으로 차린 밥상 들고 문지방을 넘어서는데 / 수십 년째 허기는 채워지지 않는 듯 // 수그린 앞가슴 섶 사구에 끈적한 눈길을 보내온다"는 구절은 채워질 길 없는 상실감과 박탈감, 그 허기에 대한 연민의 극치라 할 수 있다.

시인의 이 같은 연민의 휴머니티는 타인을 향해서 어김없이 확산된다. 화전민火田民의 아들로 태어나 갖은 어려움을 딛고 유쾌하게 살아가는 사람을 조명한 「뻥이요」는 그 한 예다. 사족을 달 필요조차 없을 것이다.

> 도시 변두리 오일장에서 만난 아저씨
> 인생은 커다란 뻥 같다 한다
>
> <중략>
>
> 뻥이요! 뻥이요! 외치며 사는 동안

뺑뺑 뚫린 인생, 떵떵거리지는 못해도
나름 뺑뺑거리며 살고 있다 한다

<중략>

"내 인생은 헛된 뺑이 아니라 희망을 뺑튀기며 살고 있는 거죠" 라며
활짝 웃는 아저씨의 등 뒤에
뺑 튀겨진 듯 튀밥 같은 환한 얼굴 그의 아내가
구겨진 지전을 차곡차곡 펴고 있다

—「뺑이요」 부분

「길, 팔부능선」에서는 교회 식당의 국수 무료급식 당번으로 봉사하면서 만나는 사람들을 "폐타이어에 눌려서도 새벽이면 / 이슬을 기다리는 들풀처럼 / 움츠린 어깨 툴툴 털고 국수를 먹으러 오는 저들"이라며 "그릇 테두리 밀고 올라온 수천 가닥 길들에게 / 멸치 우려낸 따끈한 국물을 / 산의 팔부능선 잠기도록 부어" 주는 시인의 마음자리, 더구나 그들을 향해 "걸어 나갈 문밖은 / 햇살 융단이었으면 좋겠다"는 기구祈求의 마음은 아름답기 그지없다.

vi) 따지고 보면 인간은 어쩔 수 없이 고독한 존재다. 너도 나도 어디까지나 타인이며, 홀로일 따름이다. 시인은 이 근원적인 홀로의식에서 자유로울 수 없고, 언제나 목이 마를 수밖에 없을지라도 결코 체념하거

나 단념하지는 않는다. 끊임없이 그 극복을 지향하며 사랑을 향한 그리움과 기다림을 메워줄 길을 찾아 나서고, 형이상학적인 깨달음의 길을 추구하기도 한다.

산을 오르면서 시인은 "무심히 바위 깔고 앉는 나는 / 아직도 어지러운 물푸레나무 그림자다"(「물푸레나무 독백」)라든가 "순식간에 사라질지도 모를 저녁연기 같은 나"(「굴참나무 구간」)라는 비감이나 허무감에 젖는다. 자신이 신고 있는 등산화가 "그만큼 나를 신고 다녔음에도 / 한 줄 눈부신 시詩는 어디 갔냐고 / 붉은 꽃 피워내던 달거리마저 끝낸 나를 / 물끄러미 올려다본다"(「닳음에 대하여」)는 시인으로서의 자괴감에 빠져들기도 한다. 하지만 그 신발바닥에서 "고요 속 적멸보궁"(「닳음에 대하여」)을 떠올리고, 익숙한 굴참나무 그늘에 들어서는 "노곤한 견골 나비의 날개에겐 / 아늑한 어머니의 자궁"(「굴참나무 구간」) 같다는 깨달음에 닫게도 된다.

그런가 하면, 「해송海松, 아프다」에서는 바닷가의 소나무가 "사람들이 그리움 데려와서 발자국 놓고 간 뒤 / 무명의 벌레 긴 법문이 기어간 머리"를 절레절레 흔들고 "벌레가 파먹은 통증으로 쩍쩍 갈라지는 온몸은 / 포말을 굽어"보는 모습도 목도하지만, 시드는 억새가 "스스로 몸을 바람에게 돌려주"(「겨울 행적」)면서도 「겨울, 억새의 대궁이 허술해졌다」에서와 같이 그 "공허한 대궁의 힘"이 "다시 초록을 / 들어 올리는 힘"임을 확인하고 믿는다.

> 백조자리, 거문고자리, 전갈자리 향해
> 외로워서 날린 수없는 문자
> 함부로 자리 바꾸지 않는 별자리들은
> 겨울 윗목에 놓아둔 화로 같다
>
> <중략>
>
> 내가 보낸 문자의 답신으로
> 별빛 내 방 유리창에 걸릴 때
> 당신의 발은 흰 포자로 사뿐히 내렸지
>
> ―「사랑의 포자胞子」 부분

화답和答을 기다리며 별자리들을 향해 수없이 문자를 날리는 외로움의 농도濃度는 어느 정도일지는 짐작이 가고도 남겠지만, 제자리를 지킬 뿐인 그 별자리들을 오죽하면 방 윗목의 화로火爐 같다고 끌어당겨 생각하게 되며, 별빛에 발이 있고 그 발(별빛)이 사랑의 포자로 여겨졌을는지도 알만 하다.

이같이 지극히 비약적인 발상은 "섬의 정수리 징검다리처럼 밟아 건너면 / 가 보지 못한 율도에 닿을 수 있을까"(「율도를 찾아서」)라는 대목에서도 어느 정도 짐작되지만 「좌광우도」와 「바람골 노을」은 보다 구체적으로 그 뿌리를 확연하게 말해 준다.

바닥에 넙죽 엎드린 넙치를 본다
입이 작다, 눈은 어느 쪽으로 향했을까

왼쪽만 고집하는 당신, 오른쪽만 주장하는 나,
도시라는 커다란 수족관에서 만난다 해도
우린 서로 알아볼 수 있을까

서로 맞부딪쳐도
보이는 쪽으로만 향하다 슬퍼진 사랑
해저에선 같은 종족임에도
눈 둘 달린 사람들 앞에선
광어와 도다리를 다른 종족이라 우겨댄다

황갈색으로 무장한 나
부정형 반점으로 무장한 당신
왼쪽 눈도, 오른쪽 눈도, 서로 익숙해져서
서로의 가슴 맞닿을 날 언제일까

낮게 엎드려 지느러미 펼치고 추는 춤
함께 수족관 들여다보는 어떤 힘에도
당신과 나, 보색의 피켓은 들지 말아야지

왼쪽으로 한 바퀴, 오른쪽으로 한 바퀴 도는 거야

지구 한 바퀴 돌다 보면
제대로 만나질 우리

—「좌광우도」 전문

광어와 도다리에 빗대어 '당신'과 '나'의 이질적인 시각(관점)의 삶(사랑)을 회화적戱畵的으로 그린 시다. 상식적인 이야기이나 광어와 도다리는 둘 다 붕넙칫과의 바닷물고기지만 두 눈이 모두 반대 방향에 달려 있다. 광어는 몸의 왼쪽에 두 눈이 모여 있고 도다리는 오른쪽에 모여 있어 바라보는 시각이 사뭇 다를 수밖에 없다. '당신'과 '나'도 성은 다르나 같은 인간이며 부부 사이이기도 하지만 취향과 개성이 아주 딴판이며, 광어와 도다리가 수족관에 갇혀 있듯이 '당신'과 '나'도 가정이라는 울타리에 갇혀 있다는 점도 유사하다는 데 착안해 그 속사정을 우화적寓話的인 기법으로 희화화하고 있다.

이른바 '좌광우도'의 상반된 고집과 주장, 이질적인 빛깔의 무장, 반대 방향의 행동반경 등으로 맞부딪쳐도 보이는 쪽이 다를 수밖에 없다는 '슬픈 사랑' 이야기다. 서로 다른 종족 같이 느껴질 정도로 이 극단적인 이질감은 "왼쪽으로 한 바퀴, 오른쪽으로 한 바퀴 도는 거야"라든가, 심지어는 "지구 한 바퀴 돌다 보면 / 제대로 만나질 우리"라는 절망감의 표출로도 발전하고 있다. 하지만 이 시는 지독한 역설일는지 모른다. 서로 다르기 때문에 오는 진한 갈등은 그 반대 상황을 그만큼 열망하고 있다는 방증으로 볼 수 있기 때문이다.

「바람골 노을」도 같은 맥락의 시다. 앞의 시와는 거

꾸로 "북극을 향해 걸어가는 남자 / 남극에서 막 돌아온 여자 / 얼마만큼 깊은 골짜기에 닿아야 / 서로 온전히 젖을 수 있을까"라고 바람을 의인화하고 있는 점이 다르며, 그 교차점을 짐작해 "쓰린 노을 한 자락"을 걸어두는 점도 역설적인 표현이 아닐 수 없다.

vii) 시인은 지난날의 돌이킬 수 없는 기억들을 반추하면서 향수鄕愁에 젖기도 하고, 덧없이 흐르는 세월과 나이 듦에 따르는 아쉬움들을 들여다보는 인간적(여성적) 모습을 진솔眞率하게 드러내 보이기도 한다. 어쩌면 오랜 세월 동안 잠재되거나 억제돼 있던, 아니면 세월이 안겨준 느낌의 무늬들일는지도 모른다.

오랜 타향살이에서 오는 그리움의 곡진함은 그 옛날 고향의 가족과 애틋한 기억들, 아련한 향수에 뿌리를 두고 있는 것 같기도 하다. 어머니가 밀가루 반죽을 달처럼 둥글게 꿈의 반경을 넓히듯이 홍두깨로 밀고 썰어 만든 칼국수가 "너와 나 타지로 떠돌다 돌아온 거리만큼 / 주르르 흘러내린 달에서 / 쑥 냄새 물큰"한 것으로 기억을 떠올린 「만월의 맛」은 그 연원을 잘 말해 주고 있다.

아버지가 손수 만들어 끓여 주던 수제비를 "흔들리는 수면에 일그러진 달 맛"이라고 여기며 아버지처럼 수제비를 만드는 「수제비가 있는 저녁」, "지금도 우두커니 앉아 있는 백마강"에서 "늙어버린 소녀는 그리움을 베틀에 얹어 / 새벽 물안개로 짜 올리"는 「비밀의 베틀」 등에서는 회귀回歸의 정서를 떠올려 보이는 경우다.

오랜 타향살이와 세속사회에서의 삶은 "그리움의 무게에 눌린 나머지 / 올무에 걸린 산짐승이 몸부림치듯 / 가까이서만 보던 그도, 그대 속에 갇힌 나도 / 일정한 거리의 외딴섬이 되어"(「무인도」)간다는 외로움과 소외감疏外感도 같은 맥락의 작품이지만 지금, 여기에 무게중심을 두고 있는 점이 다른 것 같다. 그렇다면 가장 가까운 '그대'와 함께 있어도 무인도처럼 '그대 속에 갇힌' 것으로 여겨지는 시인에게 향수를 달래 줄 수 있는 향기는 과연 무엇일까.

> 나는 내 안의 어떤 향을 만들기 위해
> 섬의 테두리에 섬백리향을 둘러 세웠다
>
> 나만의 향수에 취해 살고 싶었다
>
> 이제 그대가 보내온 향수
> 무심결에 마개를 열고 보니
> 섬백리향 안쪽 섬, 곳곳에 자욱하던
> 안개의 냄새를 닮아 있다
>
> —「무인도」 부분

자신이 가둔 그대에게 선물로 받은 향수香水는 자신이 홀로 만든 향수에 취해 살고 싶어 내면에 가꾸고 있는 '무인도의 섬백리향' 그 안쪽 섬의 안개 냄새와 닮았다는 것은 그대가 자신의 향수鄕愁를 온전하게 위무慰撫해 주기에는 미흡하다는 뉘앙스로도 받아들여지게 한다. 거기에는 세월에 대한 무상감이나 깊어진 홀로의식 때문에 향수의 빛깔이 더욱 짙어지는 정황도 한몫하고 있는 것으로 보인다.

시인은 나아가 자기방어나 홀로서기에 적극성을 부여하는 모습도 감추지 않는다. 포식자에게 먹잇감이 되지 않으려고 몸의 색깔을 바꾸는 전략이 그 대표적인 예다. "이카루스 너머에서도 어울릴 변색을 위해"서 "포식자 벌린 입 그 분홍 앞에서 / 카멜레온처럼 한 번 더 / 나 몸의 색 바꾸러"(「마지막 변색」) 가기도 하고, 거울 속의 자신을 마주보면서 그보다도 더 과감하게 화장化粧과 변장變裝을 시도하기도 한다.

> 밖의 내가 알아보지 못하게
> 입술은 빨갛게 눈두덩은 새파랗게
> 가슴 훤히 드러나는 소매 없는 티셔츠
> 짧은 반바지에 굽 높은 샌들을 신겨 준다
>
> 발톱엔 새빨간 색을 발라
> 그렇게 당당한 나를 만들어 놓고 보니
> 이제야 질겅질겅 씹던 껌으로
> 후후 풍선도 불 줄 아는 내가 된다
>
> <중략>

더 이상 경계의 눈초리 따윈 보내지 않는다
그냥 마주보고 웃는다

—「마주보기」 부분

이 시는 실제 자신과 거울 속의 자신을 정면으로 세워 놓고 잠재되고 억제됐던 방어본능이나 은밀한 공격적 전략을 암시하는가 하면, 다른 시에서도 "점차 옷의 채도를 높여 갓 피어난 꽃송인 척해야겠다"(「다색주의자」)라는 대목이 보이듯이, 세월의 흐름에 달라져가는 자신의 모습을 추슬러 보려는 안간힘도 동시에 떠올려 보이기도 한다. 마지막 구절 "그냥 마주보고 웃는다"라는 대목은 변장된 모습과 그 이전의 모습에 대한 대비를 통해 자신을 깊이 들여다보는 성찰이 야기하는 공허空虛한 웃음일 수도 있는 것이다.

그러나 시인은 현실과 정면으로 부닥치며 그 초극이나 초월을 시도하기보다는 다분히 비현실적이거나 환상적인 꿈꾸기를 통해 그 길을 트려 한다. "별을 징검다리처럼 밟으며 / 살금살금 허공을 / 더 멀리 건너뛰고 싶어졌다"(「보법, 날렵한」)는 대목은 꿈속에서나 있을 법한 비현실적인 보법步法 같지만, 시인에게 이 같은 꿈은 소중하지 않을 수 없다. 이 같은 꿈꾸기는 현실을 뛰어넘게 하는 마음의 공간을 넓혀 줄 뿐 아니라 그런 꿈의 지향 자체가 더 나은 삶의 자양분滋養分

이 될 수 있기 때문이다.

마지막으로 심수자 시인의 개성이 가장 잘 녹아들어 있는 것으로도 볼 수 있는 이 시집 표제시 「구름의 서체」를 들여다보기로 하자.

고즈넉한 사찰 기둥에 누군가 새긴 저 글씨
불이문不二門, 무슨 뜻일까

둘이 아니라 하나라니?
마음과 몸이 그렇다는 것인가
너와 내가 그렇다는 것인가

허공 낮게 지나다 기와지붕 위에 앉은 구름이
잠시 숨을 고르는 동안에도
불이문 새겨진 글자는 기둥을 떠나지 않는다

그러면 결국 기둥과 글자는 하나인가

저 글을 새겨 넣고 주섬주섬 끌을 바랑에 챙겨 넣은 한 사람은
어디론가 떠나고 없는데 글자 혼자 남았다는 것은
너는 떠나고 없어도 내 안에 너 있다는 것 아닐까

몸 안에 그림자를 도사려 넣었다 해도
너는 내 몸을 빠져나간 것이 아니고 서로의 배후가 되었다는 것
소리 없이 다가온 일몰이 나를 황급히 감추려 해서
당신은 나에게 꼭꼭 숨은 것

기둥이 주저앉고 벽이 허물어진다 해도
구름의 서체 불이문은 잠시 숨을 고르는
뿔을 가진 얼룩무늬 짐승의 배후다

—「구름의 서체」 전문

시인이 '불이문不二門'이라는 말뜻을 잘 알고 있겠지만, 불교의 세계관에 앞서 마음과 몸, 너와 나, 글자와 기둥 등이 하나가 아니라 둘로 보이며, 둘이 아니라 하나로 보기는 어렵다는 인간적인 회의懷疑를 에둘러 표현하고 있다. 시인이 현실세계에서 마주치는 마음과 몸, 너와 나의 문제는 화해和解와 사랑보다는 불화不和와 갈등에 무게가 실려 있기 때문이기도 할 것이다.

주지하다시피, 불이문은 사찰의 본당에 들어서는 마지막 문으로 '불이'는 진리眞理가 둘이 아니라 하나라는 뜻에서 유래하며, 이 문을 거쳐야만 진리의 세계인 불국토佛國土에 들어갈 수 있다는 사실을 상징象徵한다. 나아가 부처와 중생衆生이 다르지 않고, 삶과 죽음, 만남과 이별 역시 그 근원은 하나이므로 이 진리를 깨우치면 해탈解脫할 수 있다고 해서 이 문을 '해탈문'이라고도 한다.

그러나 시인이 굳이 '불이문'이라는 글자가 기둥을 떠나지 않고 그 일부가 돼 있는 것에 대해 언급하면서 그 글자를 새긴 사람은 떠나도 글자만 남아 있다는 발언은 "너는 떠나고 없어도 내 안에 너 있다는 것 아닐까"라는 사람과 사람 사이의 너와 나의 문제로 끌어당겨 놓고 있다. 또한 실상과 허상에 착안해 상호 배후라면서 불이문은 "구름의 서체書體"이고, "뿔을 가진 얼룩무늬 짐승의 배후"라는 비약까지도 불사하고 있다.

이 같은 비약은 어쩌면 지독한 역설에 다름 아닐 것이다. 시인이 살아가는 세속사회에서의 불화와 갈등은 지양되지 않고 여전할 뿐이기 때문에 불이문을 그렇게까지 회의와 부정적인 눈으로 봤으며, 자신은 물론 '너'와 '나'가 불이의 진리를 깨닫지 못하는 괴상한 짐승으로까지 비하卑下하고 있다고 할 수 있다.

이를 다시 뒤집어 보면 '나'는 말할 것도 없고 '너' 역시 진리를 깨닫게 하는 불이문을 통과해야만 한다는 메시지와 그 글씨체가 뜬구름의 소산이 아니고 영구불변의 진리의 상징임을 역설적으로 시사하고 있다고 봐야 할 것이다.

형상시인선 10 **심수자 시집**

구름의 서체

인쇄| 2017년 5월 10일
발행| 2017년 5월 15일

글쓴이| 심수자
펴낸이| 장호병
펴낸곳| 북랜드
06252 서울 강남구 강남대로 320, 1108호(황화빌딩)
대표전화 (02) 732-4574 | (053) 252-9114
팩시밀리 (02) 734-4574 | (053) 252-9334

등 록 일| 1999년 11월 11일
등록번호| 제13-615호
홈페이지| www.bookland.co.kr
이-메 일| bookland@hanmail.net

책임편집| 김인옥
교 열| 배성숙

ISBN 978-89-7787-716-0 03810
값 10,000 원